COLEÇÃO OLERÊ

Edimilson de Almeida Pereira

O Congado para Crianças

LIVRO DO PROFESSOR

MAZZA edições

Capa e ilustrações
Rubem Filho

Diagramação
Pablo Guimarães

Revisão
Ana Emília de Carvalho

Coordenação da Coleção Olerê
Edimilson de Almeida Pereira

P436c Pereira, Edimilson de Almeida
O Congado para crianças / Edimilson de Almeida Pereira; ilustrações de Rubem Filho. – Belo Horizonte : Mazza Edições, 2006.
16 p.: il.; 17 x 24 cm. – (Coleção Olerê)

Conteúdo: Livro do professor.

ISBN 85-7160-368-5 (Coleção)
ISBN 85-7160-370-7

1. Literatura infantil. I. Rubem Filho. Título. II. Série.

CDD: 028.5
CDU: 087.5

Produção gráfico-editorial
Mazza Edições Ltda.
Rua Bragança, 101 – Bairro Pompéia – *Telefax:* (31) 3481-0591
30280-410 Belo Horizonte – MG
e-mail: edmazza@uai.com.br
www.mazzaedicoes.com.br

Sumário

Apresentação

A partir de traços característicos das diferentes manifestações da cultura afro-brasileira, a *Coleção Olerê* pretende:

a) estimular nas escolas de ensino básico as discussões acerca da diversidade cultural da sociedade brasileira;

b) inserir nos currículos do ensino básico temas referentes a essa diversidade cultural;

c) propor atividades interdisciplinares para que educadores e estudantes reconheçam as relações estabelecidas entre a cultura e as demais esferas da vida social.

Os textos e as imagens de **O Congado para crianças** (volume 1 da *Coleção Olerê*) apresentam personagens, episódios, ritmos e cores que constituem esta importante manifestação sócio-cultural. A riqueza desta celebração está, entre outros aspectos, nos processos de ensino-aprendizagem que envolvem a participação de adultos e crianças.

Na expectativa de aproximar a escola destes e de outros processos, incentivando o diálogo entre os diversos procedimentos educativos, a *Coleção Olerê* espera tornar-se uma referência útil e aprazível para a convivência entre pais, educadores e estudantes.

O Congado para crianças é constituído por um livro de textos/imagens e um livro do professor. O livro de textos/imagens aborda os personagens e os acontecimentos do Congado. O livro do professor resume as características do Congado e explica os temas do livro de textos/imagens. Além disso, o livro do professor sugere atividades interdisciplinares e leituras complementares para os estudantes. Através de oficinas e painéis, as atividades estimulam as interações entre as áreas de Língua Portuguesa, Geografia, História e Ecologia.

As quatro oficinas, propostas no livro do professor, têm o objetivo de preparar uma Festa com temática afro-brasileira a ser realizada na escola.

Durante a elaboração dos objetos decorativos e dos instrumentos, os professores orientarão os estudantes, sugerindo-lhes fontes de pesquisa. Os quatro painéis, montados gradativamente, resultarão numa amostragem das relações estabelecidas entre os grupos étnicos, bem como entre os diferentes modos de ocupação dos territórios, de utilização dos recursos naturais e de afirmação das práticas culturais.

As atividades de **O Congado para crianças** são um ponto de partida para as ações em sala de aula. Com certeza, elas poderão ser ampliadas, modificadas ou substituídas para atender aos desafios propostos pelas escolas e seus respectivos estudantes e professores. O sentido social do processo ensino-aprendizagem nasce desse dinamismo, que nos permite conhecer e respeitar as diferentes culturas.

Características do Congado

O Congado é uma celebração religiosa que, dentre outras, faz parte das heranças culturais geradas pelos afrodescendentes no Brasil. O Congado envolve um número expressivo de comunidades situadas em vários estados, tais como: Minas Gerais, São Paulo, Goiás, Espírito Santo e Rio Grande do Sul. Essa abrangência humana e geográfica faz do Congado uma das mais importantes manifestações culturais brasileiras.

No Congado se encontram tradições culturais de origens *africanas* (coroação de Reis e Rainhas do Congo, devoção às divindades Zambi e Calunga), de origens *indígenas* (uso de vestimentas e gestos similares aos dos índios brasileiros) e de origens *européias* (devoção aos santos católicos).

Em cada região do Brasil, o Congado apresenta características próprias. No entanto, os traços gerais são: o diálogo entre diferentes tradições culturais; a devoção a Nossa Senhora do Rosário e outros santos católicos (em particular, aos santos de cor, como São Benedito e Santa Efigênia); devoção aos antepassados e, em algumas comunidades, às divindades Zambi e Calunga; a coroação de Rei de Congo, Rainha Conga, Reis Festeiros, Princípes e Princesas; o cumprimento de promessas; a realização de cortejos que conduzem os Reis e Rainhas de Congo, com cantos e danças.

O REI GALANGA

Tema

A vida de Galanga, que se tornou conhecido como Chico Rei. Viveu em Ouro Preto, Minas Gerais, no século XVIII. Depois de chegar ao Brasil como escravo, trabalhou para comprar a sua carta de alforria e a de outros escravos.

Atividades interdisciplinares

- Estender um mapa-múndi sobre o quadro ou projetá-lo através de *slides*. Em seguida:
- Identificar os cinco continentes: África, América, Ásia, Europa e Oceania.
- Apontar os países: Brasil, Portugal, Angola, Congo, Moçambique, Nigéria e Benim.

Oficina 1: Confeccionar um baú para guardar objetos decorativos (bandeiras, fitas, estandartes, máscaras, etc.). Os objetos – a serem construídos na **Oficina 2** – farão parte de uma festa que ocorrerá na escola, ao final da leitura dos livros da *Coleção Olerê*.

Leitura complementar

Joel Rufino dos Santos. *Gosto de África: histórias de lá e daqui*. 3. ed.. Ilustrações de Cláudia Scatamacchia. São Paulo: Global, 2005.

O ROSÁRIO DA SANTA

Tema

Referência a Nossa Senhora do Rosário, também chamada de "Mamã do Rosaro". Segundo os devotos do Congado, a santa apareceu no mar ou numa gruta e, ao ser saudada, tornou-se protetora dos negros. Vários grupos do Congado trazem em sua vestimenta o azul e o branco, que são as cores do manto de Nossa Senhora do Rosário.

Atividades interdisciplinares

- Montar um painel com recortes de imagens de pessoas de diferentes países.
- Solicitar a cada aluno(a) que monte um diário com imagens de pessoas da família, indicando seus nomes, idades e profissões.

Leitura complementar

Heloisa Pires Lima. *O espelho dourado*. Ilustrações de Taisa Borges. São Paulo: Peirópolis, 2003.

SÃO BENEDITO

Tema

Nasceu na Sicília, Itália, em 1526. Era filho de pais africanos, escravos em uma propriedade situada nas proximidades de Messina. Uma vez libertado, integrou-se a um grupo de eremitas franciscanos. Em 1564, após a dispersão desse grupo, Benedito entrou para a ordem dos franciscanos, em Palermo, na condição de irmão leigo. Foi cozinheiro e guardião superior do convento. Auxiliava as pessoas que o procuravam, curando-as com o auxílio de ervas. Ao final da vida, retomou suas tarefas na cozinha. Faleceu em Palermo, em 1589. Os devotos do Congado homenageiam São Benedito com diversos cantos e danças.

Atividades interdisciplinares

- Reconhecer as principais características das quatro estações do ano.
- Pesquisar os nomes das referências geográficas mais importantes da região (rios, lagos, vales, cadeias de montanhas, etc.).

Oficina 2: Confeccionar objetos para decorar uma sala de festa com temáticas afro-brasileiras. Utilizar materiais alternativos (papelão, lata de refrigerante, garrafa de plástico, etc.).

Leitura complementar

Ricardo Aleixo. *Quem faz o quê?*. Ilustrações de Regina Miranda. Belo Horizonte: Formato, 1999.

ZAMBI

Tema

Na África, entre as populações do domínio cultural banto, Zambi é um dos nomes de Deus. Dentre as várias regiões habitadas pelos grupos bantos, pode-se citar Angola, Camarões, Congo e Moçambique. No continente africano, Zambi é conhecido também por outros nomes, tais como: Anganazambi, Zambiopungo, Nzambi, Anzambi. No Brasil, Zambi é homenageado em diversos cantos do Congado como deus todo poderoso.

Atividades interdisciplinares

- Montar um painel com imagens dos vários tipos de habitações construídas em diferentes países.
- Solicitar aos estudantes uma descrição do bairro onde moram, destacando casas, ruas, praças, prédios públicos, áreas de lazer, etc.

Leitura complementar

Gail E. Haley. *O baú das histórias: um conto africano*. 3 ed.. Ilustrações de Gail E. Haley. São Paulo: Global, 2004.

CALUNGA

Tema

Entre os grupos bantos, Calunga Grande representa o mar e Calunga Pequeno a morte. Por causa do tráfico de escravos e do sofrimento dos negros nos navios, muitas vezes o mar – Calunga Grande – foi visto também como o sinal de morte, ou seja, Calunga Pequeno. No Congado, os devotos louvam os mistérios de Calunga Grande.

Atividades interdisciplinares

- Montar um painel com imagens que destaquem a importância da água para a vida das pessoas e dos outros elementos da natureza.
- Propor a cada estudante que desenhe sua árvore de família (árvore genealógica), mostrando os graus de parentesco entre as pessoas.

Leitura complementar

Edimilson de Almeida Pereira. *Histórias trazidas por um cavalo marinho*. Ilustrações de Denise Nascimento. São Paulo: Paulinas, 2005.

TAMBOR

Tema

No Congado, os tambores marcam os ritmos dos cantos e das danças. Além disso, servem como forma de comunicação entre o mundo dos devotos e de seus antepassados. Os tambores são tratados com reverência e, muitas vezes, são batizados e recebem nomes. Isso acontece no Candombe (parte do Congado), cujos tambores são chamados, por exemplo, de Santana, Santaninha e Jeremias.

Atividades interdisciplinares

- Solicitar aos estudantes que recolham letras e músicas de cantigas de roda.
- Organizar, durante as aulas de arte ou de educação física, uma roda para brincar com as cantigas registradas.

Oficina 3: Criar instrumentos de percussão, utilizando materiais alternativos (caixa de papelão, lata de refrigerante, garrafa de plástico, palito de picolé, etc.).

Leitura complementar

Edimilson de Almeida Pereira e Rosa Margarida de Carvalho Rocha. *Os comedores de palavras*. Ilustrações de Rubem Filho. Belo Horizonte: Mazza Edições, 2004.

OS REIS

Tema

O Rei de Congo e a Rainha de Congo indicam as ligações dos devotos do Congado com os ancestrais africanos. No Brasil, já no século XVII, foram registradas cerimônias de coroação de Reis do Congo. Os Reis e as Rainhas representam o sagrado, por isso, são saudados e conduzidos pelos devotos em festas de cortejo.

Atividades interdisciplinares

- Realizar uma pesquisa para identificar os fundadores da cidade.
- Fazer um breve levantamento para indicar os nomes de alguns bairros da cidade.
- Enumerar algumas atividades sociais, comerciais e esportivas desenvolvidas no bairro onde se situa a escola.

Leitura complementar

Edimilson de Almeida Pereira. *Os reizinhos de Congo*. Ilustrações de Graça Lima. São Paulo: Paulinas, 2004.

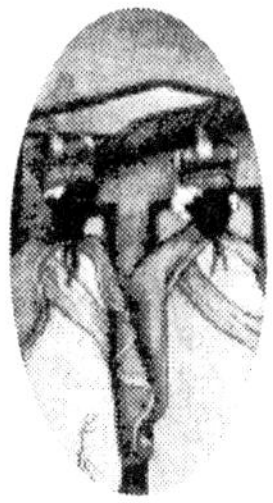

A FESTA

Tema

Os devotos do Congado entoam cantos e fazem cortejos para celebrar os antepassados, Zambi, Nossa Senhora do Rosário e outros santos. Esse ato de celebrar é entendido como uma grande festa, que reúne parentes, amigos, vizinhos e pessoas de diferentes localidades. Durante a festa, os devotos e os convidados rezam, cantam e dançam. As roupas coloridas e os sons dos instrumentos registram a alegria e a esperança dos devotos.

Atividades interdisciplinares

- Montar um painel com imagens de festas populares que ocorrem no Brasil (Congada, Maracatu, Folia de Reis, Festa do Divino, Bumba-meu-boi, etc.).

Oficina 4: Realizar uma festa na escola, utilizando os objetos decorativos e os instrumentos confeccionados nas Oficinas 1, 2 e 3. Convidar familiares, professores, funcionários e amigos da escola para participarem da festa.

Leitura complementar

Sônia Rosa. *Coleção Lembranças Africanas* (Capoeira – Jongo – Maracatu). Rio de Janeiro: Pallas, 2004.